"MIHI NOMEN _____ EST."

내 이름은 …… 입니다.

FESTĪNĀ LENTĔ!

페스티나 렌테

FESTĪNĀ LENTĒ!

페스티나 렌테

천천히 서둘러라!

— 라틴어 필사의 책 —

김남우

아카넷

Cras ingens iterabimus aequor!

내일은 큰 파도를 타리라!

호라티우스, 서정시 Ⅰ 7, 32행

차례 Argūmenta

✳

《페스티나 렌테》는 라틴어 필사의 책manuscriptum입니다.

정신과 표현의 우아함이 담겨 있는 라틴어 고전 작품들과,

로마 시인 오비디우스 〈변신이야기〉의 그리스 로마 신화와

위대한 인문주의자 에라스무스 〈격언집〉 속 지혜의 문장들을

한 자 한 자 마음에 새기고 옮겨 적어가며,

천 년의 언어 라틴어가 간직하고 있는 풍요로움과 아름다움

그리고 그윽함을 한껏 즐기기 바랍니다.

일부 라틴어 원문은 필사와 이해에 용이하도록
수정 또는 축약해 우리말로 옮겼음을 밝힙니다.

Caput I 태초 PRINCIPIVM

에라스무스, 〈격언집 Adagia〉 II i 1

하지만 왕이 저지른 한 번의 망설임과 성급한 결정은,

불멸의 하느님, 얼마나 큰 폭풍을 야기하며

인간사의 얼마나 큰 몰락을 초래하는가!

왕이 '천천히 서둘러라'를 자신의 규칙으로 삼는다면,

적시에 올바른 결정을 내리고

현명하게 물러서기도 하며, 추진력과 조심성의

적절히 균형 잡힌 중용을 보여준다면,

그리하여 왕이 경솔하게 처리하여

나중에 후회할 일을 하지 않거나

태만으로 소홀하게 일을 행하지 않는다면,

이것은 국가에 얼마나 커다란 이익이 되겠는가?

내가 묻거니와, 이런 국가보다

복되고 굳건하며 건실한 나라가 있을 수 있겠는가?

Festīnā lentē!

천천히 서둘러라!

In prīncipiō est chaos.

Chaos est massa mixta.

Et in massā sunt pūgnae.

Ergō fōrma est nōn in mundō.

Ā nātūrā autem massa est dīvīsa in terram et undam
et flammam et auram.

Unde fōrmae multae sunt in mundō.

Nunc in mundō nōn pūgna, sed concordia est.

태초에 혼돈이 있다.

혼돈은 뒤엉킨 덩어리다.

그리고 덩어리 안에는 투쟁들이 있다.

따라서 세상에는 형상이 없다.

하지만 자연에 의해 덩어리가 흙과 물과 불과 공기로 나뉘었다.

거기서 많은 형상들이 세상에 있다.

이제 세상에는 투쟁이 아니라 조화가 있다.

《변신이야기》 1, 5~55행

In primo quia est chaos.

Chaos est in esse indistinct...

Et in chaos sunt pugnans.

Ergo forma est non in mundo

A chaos... omnes in chaos est divisa in serratio et undam

et flammam et intram

... forma... millesimas in mundo

Item, in mundo non pugna, sed continentia est

친구는 또 다른 자신이다.

세네카, 〈분노에 관하여 Dē īrā〉 II 29

분노를 치료하는 최고의 처방은 시간입니다.

용서가 아니라 생각을 요청하십시오.

분노는 초기에는 강한 충동을 지니지만, 기다리면서 약화됩니다.

분노를 한꺼번에 없애려고 하지 마십시오.

전해들은 것들을 곧바로 믿어서는 안 됩니다.

많은 사람은 속이기 위해 거짓말을 전하며,

많은 사람은 자신들이 속았기 때문입니다.

어떤 자는 비방을 통해 호의를 구하려고 하며,

불의를 당해서 고생한 것처럼 불의를 지어냅니다.

사악한 자들이 친밀한 우정을 갈라놓으려고 합니다.

못된 자들이 멀리서 안전하게 재미 삼아

서로 앙숙이 되어 싸우는 것을 지켜봅니다.

진실은 많이 살펴볼수록 더욱 분명히 드러나는 법입니다.

Maximum remedium īrae est mora.

분노를 치료하는 최고의 처방은 시간입니다.

Populus Rōmānus in paenīnsulā Italiā habitat.

In initiō Rōma est parva.

Tandem urbs Rōma est maxima nōn sōlum in Italiā,
sed etiam in Eurōpā.

In Italiā et prōvinciīs Rōmānīs sunt valdē multae viae.

Via Appia est rēgīna viārum.

로마 인민은 이탈리아 반도에 산다.

처음에 로마는 작았다.

이제 도시 로마는 이탈리아뿐만 아니라 에우로파에서도 가장 크다.

이탈리아와 로마 속주들에는 길들이 매우 많다.

아피우스 대로는 길들의 여왕이다.

Populus Romanus in patria _____ _____ habitat

_____

In initio Roma est parva.

_____

Italia _____ Roma est _____ _____ _____ in Italia

_____

sed _____ est Europae.

_____

In Italia et provinciis Romanis sunt valde multae viae

_____

_____ _____ _____ laboramus

_____

고통을 겪으면 바보도 현명해진다.

Caput III 오비디우스 OVIDIVS

호라티우스, 〈시학 Ars poëtica〉 347행 이하

잘못이지만, 덮을 만한 잘못이 있습니다.
손과 마음이 가는 대로 현이 울지 않기 때문이고
활도 겨눈 것을 늘 맞추진 않기 때문입니다.
시 전반이 훌륭히 빛난다면 사소한 오점을
꼬집지 않습니다. 부주의가 퍼질러 놓았거나
인간 본성상 피할 수 없기 때문일 터. 어떨까요?
예를 들어 필사자가 같은 실수를 반복한다면,
타일러도 그렇다면 용서 없습니다. 키타라 주자가
같은 현을 계속 헛짚는다면 질타할 겁니다.
거듭 실수하는 자는 또 다른 코이릴루스이니,
두세 번 성공할 때 경탄합니다. 한편
훌륭한 호메로스가 졸 때면 화를 냅니다.
하나 엄청난 작업에 기어든 졸음은 당연한 일.

Bonus dormītat Homērus.

훌륭한 호메로스가 좁니다.

Ovidius mihi nōmen est.

Sulmō mihi patria est. Poēta sum.

Semper studium litterārum mihi manet.

Multa quidem scrībō, multa ēmendō, multa cremō.

Nunc fābulās dē mūtātīs fōrmīs vōbīs dīcō.

Fābulae mihi fāmam dant.

나의 이름은 오비디우스다.

나의 고향은 술모다. 시인이다.

항상 문학 공부는 나에게 머물렀다.

실로 많은 것을 쓰고, 많은 것을 고치고, 많은 것을 불태운다.

이제 너희에게 변화된 모습들에 관해 이야기들을 들려준다.

이야기들은 나에게 명성을 가져다준다.

《슬픔의 노래 Trīstia》4, 10

Mosco lapis volutus haud obvolvitur

구르는 돌은 이끼가 끼지 않는다.

Caput IV 에우로파 EVROPA

에라스무스, 〈격언집 Adagia〉 II i 1

로마 인민에게 더없이 진실되고 지혜로운 재판관

루키우스 카시우스는 소송에서 매번 '누구에게 이득인가?'를

묻곤 했습니다. 이득의 기대 없이는

범죄를 저지르려 하지 않는 것이 인간의 삶입니다.

심판인 여러분, 둘 중 누가 섹스투스 로스키우스를

죽였는지 고민하는 일이 남았습니다.

살해로 부자가 된 사람입니까?

아니면 가난해진 사람입니까?

살해 전에 가난했던 사람입니까?

아니면 살해 후에 몹시 가난해진 사람입니까?

탐욕에 불타 친척을 공격한 사람입니까?

아니면 평생 금전 이득은 모르고

노동의 대가만을 알았던 사람입니까?

Cui bonō?

누구에게 이득인가?

Poēta Ovidius fābulam dē Eurōpā narrat.

Taurus in tenerīs herbīs ambulat.

Eurōpa taurō occurrit.

Puella mīrātur, quod tam fōrmōsus est.

Prīmō metuit eum contingere.

Sed paulātim metus ex animō excēdit.

Mox taurus et puella amīcī sunt.

시인 오비디우스는 에우로파의 이야기를 들려준다.

황소는 부드러운 풀밭을 걸어 다닌다.

에우로파는 황소를 만난다.

소녀는 황소가 아주 아름다워서 놀랐다.

처음에는 그에게 손대기를 두려워한다.

하지만 차츰 두려움이 영혼은 떠난다.

곧 황소와 소녀는 친구다.

《변신이야기》 2. 833~875행

하지만 어리석은 자는 일이 터져서야 안다.

Caput V 아라크네 ARACHNE

살루스티우스, 〈노년의 카이사르에게 보내는 편지 Epistulae ad Caesarem senem〉 1

운명이 왕국과 제국을 선물로 주었고,
그 밖에 인간들이 한껏 욕심 부리는
다른 것들도 마찬가지라고 합니다.
종종 이것들이 운명이 제멋대로 준 것처럼
가당치도 않은 사람들에게 주어져
부패하지 않는 법이 없었기 때문입니다.
하지만 경험은 아피우스의 노랫말
'각자는 각자의 운명을 만든다'는 말이
진실임을 가르쳐줍니다.
특히 당신의 경우에 이 말은 더없는 진실입니다.
당신은 탁월한 업적으로 남들을 크게 앞섰고
사람들이 당신의 위업을 칭송할 틈도 없이
사람들이 칭송해야 마땅한 일들을 이루었습니다.

Quisque faber suae fortūnae.
각자는 각자의 운명을 만든다.

Arachnē est nāta in oppidō parvō,
sed studiō artis lānificae quaerit fāmam.
Puella bene pictūrās fōrmāre et pingere potest.
Nymphae eās amant et laudant.
Dea īrāta quoque certāre nōn recūsat.
Tandem puella et dea certant dē arte lānificā.

아라크네는 작은 마을에서 태어났지만,
양모 기술을 배움으로써 명성을 구한다.
소녀는 그림들을 잘 만들고 그릴 수 있다.
요정들은 그것들을 사랑하고 칭찬한다.
여신도 분노하며 겨루기를 거부하지 않는다.
마침내 소녀와 여신은 양모 기술을 겨룬다.

《변신이야기》6, 1~145행

26

Arachne est nata in oppido parvo
sed studio artis lanificae quaerit famam.
Puella bene picturas formare et pingere potest
Nymphae eas amant et laudant.
Dea irata quoniam cum dea certare vocant
laudes puellae et superbiam eius non audivit.

사람 수만큼 생각도 다르다.

Caput VI 다프네 DAPHNE

세네카, 〈인생의 짧음에 관하여 Dē brevitāte vītae〉 1

우리 필멸의 인간들 대부분은

자연의 무자비함에 대해 한탄합니다.

그리하여 가장 뛰어난 의사는 "인생은 짧고 기예는 길다"고

한탄했습니다. 우리에게 시간이 적다기보다는

우리가 시간을 낭비하는 것이라 하겠습니다.

삶은 충분히 길며, 전체적으로 잘 배치된다면

위대한 업적을 이루는 데에 충분할 만큼 주어져 있습니다.

하지만 사치와 태만으로 흘려보내고

선한 일에 사용하지 않는 한,

삶이 사라진다는 것을 알아채지도 못한 순간

어찌해 볼 틈도 없이 삶이 지나가버렸음을 느끼게 됩니다.

짧은 삶을 부여받은 것이 아니라 짧게 만듭니다.

삶이 부족한 것이 아니라 우리가 낭비한 것입니다.

Vīta brevis, ars longa.

인생은 짧고 기예는 길다.

Prīmus amor Phoebī Daphnē est.

Phoebus nympham videt.

Daphnē autem nōmen amōris fugit.

Statim pater fīliam in arborem mūtat.

Deus autem ōscula dat et sentit arborem adhūc trepidāre.

"Arbor eris mea."

포이부스의 첫사랑은 다프네다.

포이부스는 요정을 본다.

하지만 다프네는 사랑이라는 이름에서 도망친다.

즉시 아버지는 딸을 나무로 바꾼다.

하지만 신은 입을 맞추며, 나무가 아직까지 떨고 있는 것을 느낀다.

"너는 나의 나무가 될 것이다."

《변신이야기》1, 452~567행

Primus amor Phoebi Daphne est.

Phoebus nympham vidit

Daphne autem nomen Apollinis fugit

Apollo captus est amore

Daphne...

Amor vicit nos

통치받을 줄 모르는 자는 통치할 수도 없다.

Caput VII 파이톤 PHAETHON

키케로, 〈우정론 Dē amīcitiā〉 64

시련을 함께하는 우정은 대부분 사람들에게

얼마나 버겁고 얼마나 힘겨운 일입니까?

이런 우정으로 뛰어드는 사람을 찾기란

실로 어려운 일입니다.

하지만 "확실한 친구는 불확실 속에서 확인된다"는

엔니우스의 말은 옳습니다. 경솔함과 변덕스러움,

이 두 가지가 대부분의 사람들을 지배하며

그리하여 우리는 성공한 친구들을 질투하고

실패한 친구들을 저버립니다.

두 경우에 모두 진중하게 꾸준하게

변함없이 우정을 지키는 사람은

인류를 통틀어 아주 드물어

거의 신적인 일이라고 생각해야 합니다.

Amīcus certus in rē incertā cernitur.

확실한 친구는 불확실 속에서 확인된다.

Phaethon occupat tandem currum sōlis.

Sed equī sōlis manūs sine pondere sentiunt et currunt sine ordine.

Puer pavet neque imperat equīs.

Magnae urbēs cum moenibus pereunt.

Īnfēlīx Phaethōn terrās dēspicit penitusque pallet.

파이톤은 마침내 태양의 마차를 차지한다.

그러나 태양의 말들은 힘없는 손을 알아채고 무질서하게 달린다.

소년은 떨었고 말들을 통제하지 못한다.

큰 도시들이 성벽과 함께 사라졌다.

불행한 파이톤은 대지를 내려다보고 가슴속까지 창백해진다.

《변신이야기》 2, 1~339행

인간은 얼굴을 보지만, 신은 마음을 본다.

Caput VIII 니오베 NIOBE

베르길리우스, 〈아이네이스 Aenêis〉 5권 225행 이하

이제 결승선을 앞두고 오직 클론툿이 남았다.

그를 뒤따르며 있는 대로 힘을 쏟고 있었다.

그때 함성은 더욱 커지고 모두가 추격자를

열성으로 응원할 때, 환호는 하늘에 울렸다.

하나는 다 잡은 영광과 명예를 지키지 못한

치욕을 당할까, 목숨을 승리와 바꾸려 했다.

승기를 탔다. 할 수 있단 믿음에 할 수 있었다.

어쩌면 충각을 나란히 상을 탈 수도 있었다.

Possunt, quia posse videntur.

할 수 있단 믿음에 할 수 있었다.

Nōnne stultum est Lātōnam mihi antepōnere?
Cūr nōn mē, sed Lātōnam colitis?
Mihi Tantalus auctor est.
Eī licuit tangere mēnsās deōrum.
Diōnē, fīlia Atlantis, est māter mea.
Atlās avus fert axem aetherium.
Iuppiter est alter avus.
Sum fēlīx.

라토나를 나보다 앞세우는 것은 어리석은 것이 아니냐?
왜 내가 아니라 라토나를 너희는 숭배하느냐?
나의 시조는 탄탈로스다.
그는 신들의 식탁에 참여하도록 허락받았다.
아틀라스의 따님, 디오네는 나의 어머니다.
할아버지 아틀라스는 하늘의 축을 짊어진다.
유피테르는 또 다른 할아버지다.
나는 행복하다.

《변신이야기》6, 146~312행

헛되고 헛되며 모든 것이 헛되도다.

Caput IX 악타이온 ACTAEON

키케로, 〈베레스 탄핵연설 In Verrem〉 12, 36

원로원 전체가 소수의 파렴치와 오만에 시달리고

재판의 추문에 신음하고 있는 상황에서 약속하노니

이런 인간의 사나운 고발자이고자 합니다.

무섭고 끈질기며 혹독한 적이 되고자 합니다.

이것이 제가 정무관으로서 하려고 하는 것이며,

로마 인민이 내년 1월 1일부터 국가를 위해,

그리고 무도한 자에 맞서 일하도록

저에게 내준 직책을 맡아 제가 하고자 하는 것입니다.

재판 매수를 목적으로 돈을 맡기거나 받거나

보장하거나 약속하거나 알선하거나 중개하곤 하던 자들,

그리고 이를 위해 위력을 행하거나

파렴치를 보이던 자들은 이제 재판에서 손을 떼기 바라며,

극악한 범죄에 마음을 두지 않기를 바랍니다.

Profiteor huic generī hominum mē inimīcum
accūsātōrem.

저는 약속하노니 이런 인간의 사나운 고발자이고자 합니다.

Mōns erat plēnus variārum caede ferārum.
In silvā Diānae sacrā erat lūcus,
ubī fōns erat lūcidus gelidā aquā.
Hīc dea silvārum fessa solēbat corpus suum lavāre.
Dum ibi dea sē lavat, Actaeōn eō ipsō tempore,
per nemus ignōtum errāns, perveniēbat in illum lūcum.

산은 여러 짐승들의 죽음으로 가득 찼다.
산림 속에는 디아나에게 바쳐진 숲이 있었고,
거기에 차가운 물로 빛나는 샘이 있었다.
여기서 숲의 여신은 지치면 몸을 씻곤 했다.
여신이 몸을 씻는 동안, 바로 그 순간에 악타이온이
낯선 수풀 속을 헤매다가 그 숲에 이르렀다.

《변신이야기》3, 138~252행

경청은 부지런히 하고, 주장은 게을리하라!

Caput X 칼리스토 CALLISTO

키케로, 〈노년에 관하여 Dē senectūte〉 63

얼핏 보기에 하찮고 사소해 보이는 것들이

노인에게 명예를 의미한다네. 아침 인사를 받는 것,

예방을 받는 것, 길을 양보받는 것,

이쪽에서 다가가면 사람들이 일어서는 것,

광장에 오갈 때 호위를 받는 것, 조언을 부탁받는 것 등 말일세.

라케다이몬이야말로 노인들에게 가장 명예로운 거처라네.

노년에게 그토록 경의를 표하고

노년을 그토록 존중하는 곳도 없기 때문이네.

아테네에서 연극이 공연되는 동안 한 노인이 극장에 갔는데

아무도 그에게 자리를 내주지 않았다고 하네.

그러나 사절로 와서 앉아 있던 라케다이몬인들에게

그가 다가갔을 때 그들은 모두 일어서더니

그에게 앉기를 권했다고 하네.

Nusquam tantum tribuitur aetātī, nusquam est senectūs honōrātior.

노년에게 그토록 경의를 표하고 노년이 그토록 존중되는 곳도 없다.

Callistō nunc erat ursa.

Multīs annīs post fīlius per silvam ferās sequēns
in mātrem incidēbat.

Māter fīlium cognōscebat.

Fīlius autem nescius telō pectora trānsfīgere volēbat,
dum māter propius accēdere dēsīderābat.

Iuppiter eōs duōs raptōs imponēbat in caelum
atque vīcīna sīdera faciēbat.

칼리스토는 이제 곰이었다.
여러 해가 지난 후에 아들은 숲속에서 야생 동물을 쫓다가
어머니와 만났다.
어머니는 아들을 알아보았다.
하지만 아들은 알아보지 못하고,
어머니가 가까이 다가오려고 하자, 창으로 가슴을 찌르려 했다.
유피테르는 그들 둘을 낚아채 하늘에 올려놓았고
인접한 별자리로 만들었다.

《변신이야기》 2, 401~507행

filia ... ...

Multos annos post filius per silvam feras sequens...

... ...

Mater filium cognoscebat.

... ...

... ... propter ... ... exulcatur.

... ...

... ...

어느 도시든 늑대가 지배한다.

Caput XI 티스베 THISBE

세네카, 〈마르키아 여사에게 보내는 위로 Dē cōnsōlātiōne ad Mārciam〉 9

"나에게 일어나리라고는 생각하지 못했다."

하지만 많은 사람들에게 일어남을 그대는 보았고,

그대에게도 일어날 가능성이 있음을 알면서도,

그대에게 일어나리라 생각하지 못했다는 것은 왜입니까?

"어떤 이에게 일어날 수 있는 일은

누구에게나 일어날 수 있다."

그는 자식을 놓쳤습니다. 그대도 놓칠 수 있습니다.

그는 유죄판결을 받았습니다.

그대도 무고하지만 이런 판결을 받을 수 있습니다.

우리는 절대 당하지 않으리라고 생각하던 일들을 당했을 때,

바로 그 착각이 우리를 속이며 약하게 합니다.

일어나리라고 예견한 사람에게 닥쳐온

불행의 위력은 줄어듭니다.

Cuivīs potest accidere, quod cuiquam potest.
어떤 이에게 일어날 수 있는 일은 누구에게나 일어날 수 있다.

Pȳramus, iuvenum pulcherrimus,
et Thisbē, praestāns puellīs,
tenēbant vīllās contiguās.
Taedam vetuērunt patrēs.
Sed ambō ārdēbant mentibus.
Fissus erat paries utrīque domuī commūnis.
Amantēs prīmī id vitium vīdērunt,
quod nōn per saecula longa notātum erat.
Per illud vōcis iter fēcērunt.

가장 어여쁜 청년 퓌라무스와
가장 빼어난 소녀 티스베는
이웃한 집에 살고 있었다.
부친들은 결혼은 반대했다.
그러나 둘은 마음으로 불타올랐다.
두 집이 공유하는 담벼락은 틈이 벌어져 있었다.
연인들이 처음으로 이 틈을 발견했다.
오랜 세월 동안 알려지지 않았던 틈을.
이 틈을 통해 그들은 목소리의 길을 만들었다.

《변신이야기》 4, 55~166행

세상은 환상을 원한다.

Caput XII 나르키수스 NARCISSVS

키케로, 〈카틸리나 탄핵연설 In Catilīnam〉 1, 2

카틸리나, 당신은 언제까지 우리 인내를 남용할 것인가?

얼마나 오랫동안 당신의 광기가 우리를 조롱할 것인가?

어디까지 당신의 고삐 풀린 만용이 날뛰도록 놓아둘 것인가?

팔라티움 언덕의 야간 경비, 도시의 보초병, 인민의 공포,

모든 선량한 시민의 화합, 빈틈없는 경호 아래 개최된 오늘의 원로원,

이곳에 참석한 의원들의 표정을 보면서

당신의 계획이 백일하에 드러났음을 느끼지 못하는가?

어젯밤에, 그저께 밤에 당신이 무엇을 했는지, 어디에 있었는지,

누구를 불러 모았는지, 어떤 계획을 꾸몄는지,

당신은 우리 가운데 누가 모를 것으로 생각하는가?

시대여! 세태여!

Ō tempora! Ō mōrēs!

시대여! 세태여!

Fōns erat nitidīs undīs liquidus,
quem neque pastōrēs neque capellae contigerant.
Hīc puer fessus prōcubuit.
Dum bibit, vīsā imāgine correptus,
in vultū suō immōtus haesit.
Spectāvit humī positus sua lūmina,
suōs crīnēs, suās genās, suum collum.
Cuncta admīrātus est.

샘은 빛나는 물로 투명했고,
목동들도 산양들도 닿은 적이 없었다.
여기서 소년은 지쳐 엎드렸다.
물을 마시는 동안 그는 눈에 보인 형상에 사로잡혔고,
꼼짝도 하지 않고 그 자신의 얼굴에 매달렸다.
땅바닥에 엎드린 채로 그는 자신의 눈,
자신의 머리카락, 자신의 볼, 자신의 목을 바라보았다.
모든 것에 경탄했다.

《변신이야기》 3, 339~510행

독수리는 파리를 잡지 않는다.

Caput XIII 아레투사 ARETHVSA

베르길리우스, 〈아이네이스 Aenēis〉 1권 197행 이하

전우들아, 먼저 겪은 고생이 채 아니 잊혔으나
더한 일도 겪었거늘, 신은 이에도 끝을 두리라.
너희는 스퀼라가 미친 듯 깊숙이 팬
바위굴을 지났고, 너희는 퀴클롭의 돌 세례도
겪었다. 용기를 가져라. 슬픔을 가져올 불안은
이 또한 훗날 즐겁게 추억하리라.
수많은 고난을 지나, 많은 역경과 시련을 뚫고
라티움을 찾노라니, 운명은 게 조용한 거처를
주리다. 게서 트로야 왕국을 재건해도 좋겠다.
견디어라. 좋은 날을 위해 스스로를 돌보아라.

Forsan et haec ōlim meminisse iuvābit.
이 또한 훗날 즐겁게 추억하리라.

Citius, quam nunc tibi facta narrō,
in aquās mūtāta sum.
Alphēos cognōvit amātās aquās
et vertit sē in undās.
Aquās cum aquīs miscēre cupīvit.
Ipsō tempore Dēlia rūpit humum.
Et egō, in caecam cavernam mersa,
advecta sum ad Ortygiam.

지금 내가 당신에게 일어난 일들을 설명하는 것보다
빨리 나는 물로 바뀌었다.
알페오스는 사랑하는 물을 알아보았고
스스로를 물로 바꾸었다.
그는 물과 물을 섞기를 원했다.
바로 그때 델리아는 땅을 갈랐다.
그리고 나는 어두운 땅속으로 떨어졌다가
오르튀기아에서 솟아올랐다.

《변신이야기》 5, 409~642행

술 속에 진리가 있다.

Caput XIV 필레몬 PHILEMON
세네카, 〈은둔에 관하여 Dē ōtiō〉 1

"세네카, 뭐라고? 너의 학파를 버린다고?

너희 스토아학파는 말한다. '우리는 죽을 때까지 실천할 것이다.

공공선에 힘쓰고, 개개인을 돕고, 원수에게조차 늙은 손을 내밀어

도와주기를 멈추지 않을 것이다.

우리는 나이가 들어서도 군복무를 하는 자들이고,

매우 훌륭한 시인이 말하듯이 "우리는 백발에도 투구를 눌러쓴다."

우리는 죽기 전까지도 은둔할 수 없고,

경우에 따라서는 죽어서도 은둔할 수 없는 사람들이다.'

너희 학파에 염증이 났다면

배신하기보다는 완전히 떠나는 것은 어떤가?"

저는 당신에게 당장 이렇게 대답하겠습니다.

"나는 선생들이 나를 떠나보낸 곳이 아니라

이끄는 곳으로 갈 것이다."

Cānitiem galeā premimus.
우리는 백발에도 투구를 눌러쓴다.

Iuppiter speciē mortālī vēnit ad Phrygiam
et Mercurius cadūcifer.
Deī mīlle domūs adiērunt locum requiemque petentēs.
Mīlle domūs clausērunt portās.
Ūna tamen parva recēpit eōs.
In illā Baucis anus eādemque aetāte Philēmōn
erant annīs iuvenīlibus iunctī et cōnsenuērant.
Paupertātem fatendō effecērunt levem.

유피테르는 인간의 모습으로 프뤼기아에 갔고
평화의 휘장을 든 메르쿠리우스도 갔다.
신들은 수많은 집을 방문해서 휴식과 거처를 요청했다.
수많은 집은 문을 닫아버렸다.
하지만 오직 한 집, 가난한 집이 그들을 받아주었다.
그 집에는 노인 바우키스가 같은 나이의 필레몬과
어린 나이에 결혼해서 살았고 같이 늙었다.
그들은 가난을 고백함으로써 가난을 대수롭지 않게 만들었다.

《변신이야기》 8, 661~725행

제비 한 마리가 봄을 가져오진 않는다.

Caput XV 퓌그말리온 PYGMALION

베르길리우스, 〈아이네이스 Aenēis〉 1권 459행 이하

멈춰 눈물지으며 말했다. "아카텟아, 어느 고장,

세상 어느 곳이 여태도 우리 노고를 모르겠나?

프리암을 보라! 예서도 명예는 보상을 받는다.

세상의 눈물, 사람일은 사람 마음을 적시는 법.

안심하라! 우리 명성이 아마 우리를 살리리라!"

그리 말하고 무심한 그림에 생각을 곱씹으며

한숨지었다. 한없이 흐른 눈물이 볼을 적셨다.

Sunt lacrimae rērum et mentem mortālia tangunt.

세상의 눈물, 사람일은 사람 마음을 적시는 법.

Pygmaliōn, quia fēminās per aevum
crīmina agentēs vīderat,
offēnsus iīs vitiīs, quae plūrima mentī fēmineae nātūra dedit,
sine coniuge caelebs vīvēbat.
Intereā mīrā arte fēlīciter sculpsit
niveum ebur et fōrmam dedit,
quā fēmina nūlla nāscī potest.
Operis suī amōrem concēpit.

퀴그말리온은 여인들이 평생 동안
범죄를 행하는 것을 보았기 때문에,
자연이 여성의 정신에 부여한 아주 많은 흠결에 상처 입고
배우자 없이 독신으로 살았다.
그러는 사이에 놀라운 솜씨로 행복하게도 그는
눈처럼 흰 상아를 조각하면서, 어떤 여인도 그런 형상으로
태어날 수 없는 형상을 부여했다.
그는 자신의 작품에 사랑을 품었다.

《변신이야기》 10, 243~297행

빨리 주는 사람이 두 번 준다.

Caput XVI 이오 IO

키케로, 〈플랑키우스 변론 Prō Plancio〉 29

세상에 알려지지 않은 것들은 언급하지 않겠습니다.

다만 드러난 것은 결단코 칭찬하겠습니다.

그는 먼저 부친과는 어떠했습니까?

충직은 모든 훌륭함의 근본이기 때문입니다.

그는 부친을 마치 신처럼 공경했습니다.

이 사람이 피고의 명예에 얼마나 큰 관심을 가지고 있는지를

여러분은 이 사람이 피고의 불행에 동참한다는 것에서

알 수 있습니다. 또 피고의 재판에

마치 당사자인 양 나선 저는 말해 무엇 하겠습니까?

여러분이 보시다시피 슬픔의 복장을 입고

이 자리에 참석한 저 많은 사내들은 또 어떠합니까?

이것들은, 심판인 여러분,

확고하고 분명한 증거이고 결백함의 확증입니다.

Pietās fundāmentum est omnium virtūtum.
충직은 모든 훌륭함의 근본이다.

Ut pāstor deus ēgit capellās
per dēvia rūra, dum cantat.
Voce novā captus custōs Iūnōnius dīxit:
"At tū, quisquis es,
hōc saxō potes mēcum cōnsīdere.
Nūllō locō enim herbam fēcundiōrem
et pāstōribus aptam umbram vidēs."
Tum nūntius deōrum sēdit et temptāvit oculōs custōdis
vincere loquendō cantandōque.

목동처럼 신은 노래를 부르며
궁벽한 시골을 지나 염소들을 몰고 갔다.
신기한 목소리에 사로잡힌 유노 여신의 감시자는 말했다.
"그런데 당신, 당신이 누구든,
여기 바위에 나와 함께 앉을 수 있어.
다른 어느 곳보다 풍요로운 풀밭과
목동들에게 알맞은 그늘을 당신은 보고 있소."
그때 신들의 전령은 앉았고 감시자의 눈을
이야기와 노래로 제압하려고 시도했다.

《변신이야기》1, 568~746행

사람들은 바라는 대로 믿어버린다.

또한 흔히 불의는 일종의 속임수인바

아주 정교하지만 악의적인 법 해석에 의해 발생한다.

여기서 '법의 극단은 불의의 극치'라는 말이

생겨났고 이제는 자주 언급되는 속담이 되었다.

국가도 이런 종류의 많은 잘못을 저지른다.

예를 들어 30일 휴전을 적과 약속하고 나서

밤에 적의 영토를 유린한 희랍 장군은

야간이 아니라 주간의 휴전이었다고 주장했다.

혹은 원로원이 중재인으로 파견한 자가 현장에 도착해 양측에게

욕심 부리지 말라, 전진보다 후퇴를 선택하라고 말했다.

중간에 남은 토지는 로마 인민의 것이라고 결정했다.

이것은 실로 판결이 아니라 기만이다.

만사에 이런 유의 정교함은 행하지 말아야 한다.

Summum iūs, summa iniūria.
법의 극단은 불의의 극치다.

Discessērunt caputque vēlāvērunt tunicāsque recinxērunt
et iussōs lapidēs sua post vestīgia mīsērunt.
In brevī spatiō deōrum nūmine saxa
virī manibus missa faciem virōrum traxērunt
et dē fēmineīs iactibus reparātae sunt fēminae.
Inde sumus genus dūrum experiēnsque labōrum.

그들은 신전을 떠나 머리를 감싸고 속옷을 풀었고
명받은 대로 돌들을 뒤로 던졌다.
짧은 순간에 신들의 뜻에 따라
남자의 손에서 던져진 돌들은 남자의 얼굴을 가졌고
여자가 던진 것들로부터는 여자들이 만들어졌다.
우리가 고통을 잘 견디는 종족인 것은 이런 연유다.
《변신이야기》1, 313~415행

74

Discesserunt expergeque velaverunt haud usque

recinxerunt

et laudis lapides sua post vestigia miserunt

In latus spatio dextrum numine saxa

vertit rubor mitis fecit ut victrum brachum

at de ipsa froze faciebas repondue suae femina

Inde saxum petens durum experrectaque laverunt

쉼 없는 물방울이 바위를 뚫는다.

Caput XVIII 뷔블리스 BYBLIS

키케로, 〈의무론 Dē officiīs〉 I 51~52

만약 손해 없이 편의를 제공할 수 있는 것이라면

무엇이든 이방인일지라도 베풀어라.

흘러넘치는 물을 금하지 마라,

불을 붙여 가려는 자가 있거든 그것을 허락하라,

고민에 빠진 이에게 진실한 조언을 주어라.

받아 가는 자에게 이익이고 주는 자에게 손해가 아니다.

그러므로 이런 격언들은 적용되어야 하며

늘 공공의 이익을 위해 무언가를 기여해야 한다.

그러나 개인의 능력은 유한한 반면,

이를 필요로 하는 사람들의 수는 무한하기 때문에,

보편적 관대함은 엔니우스가 세운

"그래도 불빛은 줄지 않았다"라는 한계에 따라야 한다.

우리 주변에 관대할 수 있는 한에서만 그래야 한다.

Nihilō minus ipsī lucet.

그래도 불빛은 줄지 않았다.

Meditāta verba manū trementī incēpit scrībere.

Scrībit damnatque tabellās.

Et notat et dēlet.

Mūtat culpatque probatque.

'Soror' scrīptum erat.

Vīsum est dēlēre sorōrem.

"Quae, nisī tū dederis, nōn est habitūra salūtem,

puella amāns tibi mittit salūtem.

Pudet, pudet ēdere nōmen!"

생각했던 말들을 떨리는 손으로 쓰기 시작했다.

쓰고 칠판을 저주한다.

적기도 하고 지우기도 한다.

바꾸고 타박하고 칭찬한다.

'누이'라고 썼다.

누이를 지우는 것이 좋을 듯싶었다.

"만약 당신이 허락하지 않으면 안녕을 누릴 수 없는 소녀가

사랑하는 마음으로 당신에게 인사를 보냅니다.

부끄러워, 이름을 말하기가 부끄럽네요!"

《변신이야기》 9, 450~665행

한 배에 모든 걸 싣지 마라.

Caput XIX 알퀴오네 ALKYONE

키케로, 〈의무론 Dē officiīs〉 I 144

조리 있는 연설이 그러하듯 삶의 모든 것이
서로 조화되고 정돈되도록 올바른 처신을 해야 한다.
심각한 상황에서 잔치에 어울리는 말
혹은 어떤 향락적인 소리를 한다면 추하고 매우 잘못된 일이다.
페리클레스가 시인 소포클레스와 동료가 되어
정무관직을 수행할 적에 공적 업무를 놓고 회의를 했는데
마침 아름다운 소년이 지나가자 소포클레스가 말했다.
"페리클레스여! 아름다운 소년을 보시오!"
"소포클레스여! 모름지기 정무관은 손놀림이 신중해야 하며
나아가 자제하는 눈을 가져야 합니다."
물론 같은 말을 소포클레스가 운동선수들의 심사에서 했더라면
그런 정당한 비난을 받지 않았을 것이다.
때와 장소의 중요성은 그토록 큰 것이다.

Tanta vīs est et locī et temporis.
때와 장소의 중요성은 그토록 큰 것이다.

Optābat, ut coniux suus redīret.

Cum ēgressa est ad lītus et repetīvit illum locum,

quō spectāverat abeuntem virum,

in liquidā undā nesciō quid quasi corpus vīdit.

Quamvīs abesset, corpus tamen esse sēnsit.

"Heu! miser est, quisquis es,

et misera est, sī quā est coniux tibi."

그녀는 남편이 돌아오기를 희망했다.

바닷가에 갔을 때, 떠나던 남편을

바라보던 자리를 찾았을 때,

그는 빛나는 파도 가운데 무언지 모르겠으나 시신을 보았다.

멀리 떨어져 있었지만, 그럼에도 시신임을 알아보았다.

"그대 누구이든 불쌍한 사람이여!

만약 그대에게 아내가 있다면 불쌍한 아내여!"

《변신이야기》 11. 410~748행

시민에게 군대는 복종하라!

Caput XX 메데아 MEDEA

호라티우스, 〈시학 Ars poêtica〉 309행 이하

지혜는 바른 글쓰기의 시작이며 원천입니다.

소크라테스의 책은 사태를 보여줄 수 있고

사태를 파악하면 말은 자연스레 따르는 법.

조국을 위해 무얼 해야 할지, 친구들을 위해,

부모를 어떤 효도로, 형제와 손님을 어떤 우애로,

원로원과 심판인의 의무를, 어떤 역할을

전쟁에 나간 장군이 하는지를 배운 시인은 분명

각 인물에 적합한 성격을 살려낼 수 있습니다.

명하노니, 본보기가 되는 삶들을 지켜보며

현명한 모방자로 게서 생생한 목소리를 찾으시라.

Scrībendī rēcte sapere est et prīncipium et fōns.

지혜가 바른 글쓰기의 시작이며 원천입니다.

"Frūstrā, Mēdēa, repūgnās.
Aliquid certē simile huic est id,
quod amor vocātur.
Cūr iussa patris nimium mihi dūra videntur?
Cūr timeō, nē pereat?
Quae est tantī timōris causa?
Trahit invītam mē nova vīs.
Aliud cupīdō, aliud mēns suādet.
Videō meliōra, sed dēteriōra sequor."

"메데아, 너는 헛되이 거부하는구나.
사람들이 사랑이라고 부르는 것이
분명 이것과 닮았으리라.
왜 아버지의 명령이 내게는 너무 가혹하게 보일까?
왜 그가 죽을까 나는 두려워하는가?
이렇게 큰 두려움의 이유는 무엇인가?
낯선 기운이 저항하는 나를 끌고 간다.
욕망은 이것을 원하는데, 이성은 다른 것을 설득한다.
나는 옳은 것을 알면서도 못한 것을 따르는구나."

《변신이야기》 7, 1~158행

전쟁은 겪지 않은 자들에게 달콤하다.

Caput XXI 멜레아그로스 MELEAGROS

키케로, 〈마르켈루스에게 보낸 편지 Epistula ad Mārcellum〉 (기원전 46년 9월)

나라의 형편이 어찌되었던 간에

이 나라로 가능한 한 빨리 자네가 돌아왔으면 하네.

돌아오면 아마도 못마땅한 일을 많이 보게 되겠지만,

자네는 그렇게 생각하지 않으면서 그렇다고 말해야 할 것이고,

옳다고 생각하지 않으면서 행해야 할 것이네.

우선 말하거니와, 시대에 순응하는 것, 다시 말해

필연에 복종하는 것은 늘 현자의 의무라고 여겨지고 있네.

자네가 생각하는 것을 말할 수 없을 것이고, 침묵해야 할 것일세.

모든 일이 오직 한 사람의 뜻에 따라 진행되고 있으며,

오직 그의 생각대로만 행동한다네.

우리가 따랐던 사람이 나라를 장악했더라도

그렇게 다르지는 않았을 것일세.

Temporī cēdere semper sapientis est habitum.

시대에 순응하는 것은 늘 현자의 의무라고 여겨지고 있네.

Cum aper ā iuvenibus sine vulnere ictus esset,
sagitta celeris, quam Atalanta arcū expulit,
perfīxa est sub aure aprī et rubefēcit saetās.
Nōn ipsa laetior successū quam Meleagros fuit.
Et Meleagros mīsit duās hastās.
Hasta prior in terrā, altera stetit in mediō tergō.
Dum aper saevit,
vulneris auctor splendida tēla condidit in aprum.

청년들이 던진 창에 멧돼지는 상처 입지 않았지만,
아탈란타가 활로 쏜 빠른 화살이
멧돼지의 귀밑을 맞혔고 억센 털을 붉게 적셨다.
그녀 자신보다 이런 성공에 멜레아그로스가 더 기뻐했다.
그리고 멜레아그로스는 두 개의 창을 던졌다.
먼저 던진 창은 땅에, 다른 하나는 등 한가운데에 맞았다.
멧돼지가 날뛰는 동안
상처를 처음 입힌 자가 빛나는 창을 멧돼지 몸에 밀어 넣었다.

《변신이야기》8, 260~546행

Cum nuper a iuvenibus sine vulnere ictus esset,
sagitta celestis quam Atalanta arcu expulit,
perfixa est sub aure apri et rubefecit saetas.
Non ipsa laetior, succrescit quam Meleagros fuit.
Et Meleagros misit duas hastas.
Hasta prior in terra, altera stetit in medio tergo.
Ibit aper saevit.
colligens auctor splendida tela condidit in aprum.

현자는 자신의 보물을 지니고 다닌다.

Caput XXII 오르페우스 ORPHEVS

세네카, 〈섭리에 관하여 Dē prōvidentiā〉 5

고귀한 청년 파이톤이 이 말을 듣고 나서 말합니다.

"이 길은 마음에 듭니다. 저는 오를 것입니다.

제가 떨어질지라도, 이 길은 지나갈 가치가 있습니다."

아버지 태양신은 아들의 대담한 마음을 두려움으로

계속 겁을 줍니다. "네가 실수 없이 길을 갈지라도,

너는 덤벼드는 황소의 뿔들과 하이모니아의 활과

사나운 사자의 아가리 사이를 지나갈 것이다."

이에 아들이 말합니다. "마차를 주고 멍에를 메십시오.

저에게 겁을 주려고 하시지만, 그것들이 저를 자극합니다.

저는 태양신도 벌벌 떠는 곳에 서 있고 싶습니다."

안전한 길을 추구하는 것은 하찮고 게으른 자가 하는 일입니다.

덕은 높은 곳으로 나아갑니다.

Per alta virtus it.

덕은 높은 곳으로 나아갑니다.

Vātēs accēpit hanc simul et lēgem,
nē flecteret retrō sua lūmina,
dōnec ab Avernā valle exīssent.
Sed ubī nōn procul āfuērunt ā margine tellūris,
ibī metuēns, nē uxor dēficeret,
avidusque videndī flēxit oculōs.
Prōtinus illa relāpsa est.
Bracchia intendēns,
nihil nisī aurās īnfēlīx Orpheus arripuit.

시인은 이 여인과 함께 한 가지 규칙을 받아들였다.
아베르나 계곡을 벗어날 때까지
뒤로 눈을 돌리지 않겠다는 것이었다.
그러나 대지의 표면에서 멀리 떨어져 있지 않게 되었을 때,
거기서 그는 아내가 사라져버린 것은 아닌지 두려워했고,
보고 싶은 욕망에 눈을 돌렸다.
그 즉시 그녀는 미끄러졌다.
손을 뻗었으나,
불행한 오르페우스는 바람 말고 아무것도 잡지 못했다.

《변신이야기》 10, 1~155행

Vates accepit bonae ... ut legem,

ne flecteret retro sua lumina,

donec valli Averni valle excessit

Sed ubi iam propius aberant a margine teluris,

ille metuens ne ... te olim vel

et denique subsidit flexa te olim

Protinus illa relapsa est

bracchia intendens

nihil nisi cedens aetheris Orpheus arripuit

아름다운 영혼에는 정치가 어울리지 않는다.

키케로, 〈무레나 변호연설 Prō Mūrēnā〉 29, 61

바로 당신의 본성이 정직, 진중, 절제, 도량, 공정 등

모든 덕을 추구하는 당신을

위대하고 뛰어나게 빚어 놓았기 때문입니다.

다만 제 판단으로는, 여기에 정도를 넘어선 경직된,

진리나 인간 본성이 감당하기에는

다소 완고하고 가혹한 원칙들이 덧붙여져 있습니다.

그런데 그들의 주장대로라면, 현자가 아닌 우리는

도망 노예, 추방자, 적, 마지막으로 광인인 셈입니다.

"모든 범죄는 같다. 모든 범법은 무도한 악이다.

필요하지도 않은데 수탉의 목을 비트는 것은

자기 아버지를 질식시키는 것 못지않은 범죄다.

현자는 결코 억견에 빠지지 않고, 후회하지 않고,

오류를 범하지 않고, 견해를 바꾸지 않는다."

Doctrīna paulō asperior et dūrior, quam aut vēritās aut nātūra patitur.

진리나 인간 본성이 감당하기에는 다소 완고하고 가혹한 원칙들.

Paris cum coniuge raptā
bellum longum in patriam attulit.
Coniūrātae ratēs sunt secūtae
et simul mīlle gentēs Pelasgae.
Nōn dilāta esset vindicta,
nisī aequora invia saevī ventī fēcissent
et Aulis piscōsa tenuissent puppēs.

파리스는 훔친 아내와 함께
오랜 전쟁을 조국에 실어왔다.
동맹을 맺은 전함들과 함께
펠라스기의 수많은 종족들이 쫓아왔다.
복수가 지체되지 않았을 것이다.
만약 사나운 바람이 바다를 길 없이 만들지 않고
물고기 많은 아울리스 항구가 전함들을 붙잡지 않았다면.
《변신이야기》12, 1~74행

눈물은 빨리 마른다.

~oⵗ⧽o~

Caput XXIV 아킬레스의 죽음 MORS ACHILLIS

호라티우스, 〈시학 Ars poētica〉 333행 이하

시인들은 이롭게 하거나 즐겁게 하거나

유쾌하며 인생 도움이 되는 걸 노래하려 합니다.

모든 가르침은 간단할지라. 그래야 말을

영혼이 얼른 알아듣고 단단히 잊지 않습니다.

가슴을 채운 나머진 넘쳐 없어집니다.

이야기는 즐거움을 위해 만들되 진실에 가깝게

모든 걸 믿으라 요구하지 않기를,

포식한 라미아가 아이를 산 채로 토하지 않기를.

Aut prōdesse volunt aut dēlectāre poētae.

시인들은 이롭게 하거나 즐겁게 하길 원합니다.

Paris arcum obvertit in illum et sagittam coniēcit,
et Apollō lētiferam dīrēxit sagittam in illum.
Ille igitur tantōrum hērōum victor
vinctus est ā timidō raptōre.
Ille timor Trōiānōrum,
illud decus et tūtēla Achivōrum,
caput īnsuperābile bellō, ārserat.
Īdem deus, quī eum armāverat, cremāverat.
Iam cinis fuit.

파리스는 활을 그를 향해 돌렸고 화살을 쏘았고,
아폴로는 죽음의 화살을 그에게로 이끌었다.
그리하여 위대한 영웅들을 물리친 저 승리자는
겁 많은 납치자에 의해 제압되었다.
트로이아인들의 저 공포가,
아카이아인들의 저 자랑이자 수호자가,
전쟁에 굴하지 않는 우두머리가 불에 탔다.
그를 무장시켰던 신이 또 그를 불태웠다.
그는 이제 재가 되었다.

《변신이야기》 12, 580~628행

선장은 폭풍 속에서 확인된다.

Caput XXV 아킬레스의 무기 ARMA ACHILLIS

키케로, 〈필립포스 연설 Philippicae〉 I 33~34

제가 염려하는 바는 당신이 영예의 참된 길을 망각한 채,

동료 시민들에게 사랑받는 것보다 그들을 두렵게 하는 것을

선호하지 않을까 하는 것입니다. 만약 이렇게 생각한다면,

당신은 영예의 길을 잘못 알고 있는 것입니다.

소중한 시민이 되는 것, 국가에 공헌하는 것, 칭송받는 것,

존경받는 것, 사랑받는 것이야말로 영예의 길입니다.

실로 두려움과 증오의 대상이 되는 것은

반감과 혐오의 미약하고 덧없는 길입니다.

"두려워하기만 한다면 나를 증오해도 상관없다."

극 중에서도 이렇게 말했던 사람은

파멸의 길을 걸었음을 우리는 알고 있습니다.

Oderint, dum metuant.

두려워하기만 한다면 나를 증오해도 상관없다.

Ulixēs nōn dubitāvit Hectoris flammīs cēdere,

quās egō sustinuī.

Egō in aciē valeō, dum valet iste loquendō.

Nōn memoranda vōbīs

mea facta esse reor.

Vīdistis enim.

Dēnique quid verbīs multīs opus est?

Sua facta narrāre potest Ulixēs,

quae tamen sine teste gesta sunt.

울릭세스*는 헥토르의 화염에 굴복하길 주저하지 않았으나,
나는 이를 견뎌냈다.
나는 전선에서 활약하고, 그는 화술에 능란하다.
나는 내 활약을 여러분에게
다시 상기시킬 필요가 없다고 생각한다.
여러분이 직접 목격했다.
정리하자면, 왜 많은 말이 필요한가?
울릭세스는 그의 행적을 이야기할 수 있다.
하지만 이는 증인 없이 행해진 것이다.

《변신이야기》 13, 1~398행

* 울릭세스는 오뒷세우스.

Ulixes non dubitavit Hectoris flammae credere,
quas ego sustinui.
Ego in se lo velle, dum valet eso loquendae
Non mentirende volos
mea facta esse mior.
Vidisti enim.
Di aliquo quid verbis multis opus est?
Sex facta narrare pene se Ulixes,
quae tamen sine teste gesta sunt.

수염이 철학자를 만들지는 않는다.

Caput XXVI 폴뤽세나 POLYXENA

키케로, 〈클루엔티우스 변호연설 Prō Cluentiō〉 LIII 146

저는 당신에게 그것, 이제 살펴보게 될 그것이

불명예스러운 것임에 동의할 겁니다.

법률로 다스려지는 나라에서 법을 벗어나는 행위는

훨씬 더 불명예스러운 것임을 말입니다.

법은 국가에서 우리가 누리는 존엄의 끈이며,

자유의 토대이며, 정의의 샘입니다.

국가의 정신과 영혼과 지혜와 슬기는 법률에 담겨 있습니다.

우리의 육체가 영혼이 사라지면

신경도 혈액도 사지도 움직이지 않는 것처럼

국가도 법이 사라지면 그 지체를 사용하지 못합니다.

법을 집행하는 정무관들, 법을 해석하는 심판인들,

마지막으로 우리 모두는

자유를 누릴 수 있기 위하여 법에 복종합니다.

Lēgum dēnique idcircō omnēs servī sumus, ut līberī esse possimus.

마지막으로 우리 모두는 자유를 누릴 수 있기 위하여 법률에 복종합니다.

Vōs modo īte procul!
Lībera egō adībō ad Orcum.
Iūsta petō.
Vōs manūs removēte!
Quisquis is est, quem caede meā placāre parātis,
illī acceptior sanguis līber erit.
Sī quōs tamen movent ultima verba mea,
Priamī rēgis fīlia, nōn captīva, vōs rogat.
Corpus inēmptum mātrī reddite!

너희는 다만 멀리 물러서라!
나는 자유인으로 저승에 갈 것이다.
내가 요구하는 것은 정당하다.
너희는 손을 치워라!
나의 죽음으로 달래려는 자가 누구이든
그에게도 자유인의 피가 달가울 것이다.
하지만 나의 마지막 말이 누군가를 움직인다면,
노예가 아니라, 프리아모스 왕의 딸이 너희에게 요구한다.
몸값을 받지 말고 내 몸을 어머니에게 돌려보내라!

《변신이야기》 13, 399~575행

Vos modo me pro...?

Libera ego oblito ads tre au...

Insta pete...

Vos numen remanet?

Categus iste quant medi alia plot ata pernin...

Ili acceptor sanguis blue org...

Scapos contett met... in tibena order mea...

Feama regis lobe non capivei, vos rogat...

Corpus inemptum matri redduri!

111

살아 있는 목소리는 큰 공감을 얻는다.

Caput XXVII 아이네아스 AENEAS

호라티우스, 〈시학 Ars poētica〉 60행 이하

숲이 한 해 한 해 나뭇잎을 따라 변신하듯

옛것은 떨어집니다. 낡은 말들도 사라져가고

새로운 말은 청춘처럼 싱그럽게 꽃을 피웁니다.

우리처럼 우리가 한 일도 세상을 떠납니다.

흙으로 바다를 막아 험한 서풍에서 배를 지킨들,

제왕의 치적, 쪽배나 다닐 한참 쓸모없던 늪지가

인근 도시를 먹이며 무거운 쟁기질을 견뎌낸들,

추수를 질투하던 강이 나은 길을 배워

물길을 바꾼들, 사람의 일은 소멸하기 마련이고,

생동하던 말의 영광도 우아함도 영원하진 못합니다.

이미 죽었던 많은 말이 다시 살아나는가 하면

지금 영광을 누리는 말도 사라져갑니다,

말의 심급이며 척도이며 법률인 세상 입맛에 따라.

Mortālia facta perībunt.

사람의 일이란 소멸하기 마련입니다.

Vātēs rāmum aurō fulgentem mōnstrāvit
et iussitque rāmum dīvellere.
Itaque Aenēās pāruit.
Orcum umbramque magnanimī Anchīsae vīdit.
Didicit perīcula, quae sibi novīs bellīs adeunda esset.
Relīquit Orcum et petīvit lūcum,
ubī Tiberis in mare prōrupit.
Ibī Latīnī domō et fīliā potitus est,
nōn sine bellō.

사제는 황금을 빛나는 나뭇가지를 가리켰고
나뭇가지를 꺾으라고 명령했고,
그래서 아이네아스는 거기에 복종했다.
저승을 보았다. 그리고 긍지가 높은 앙키세스의 혼령을.
새로운 전쟁에서 그가 겪어야 할 위험들을 배웠다.
저승을 떠나 티베리스강이 바다로 들어가는 곳에
자리한 신성한 숲을 찾아갔다.
그곳에서 라티누스의 집과 딸을 얻었다.
전쟁이 없지 않았다.

《변신이야기》13, 623행~14, 608행

지혜로운 사람에게 산다는 것은 생각한다는 것이다.

김남우

연세대학교 철학과를 졸업하고 서울대학교 서양고전학협동과정에서 희랍 서정시를
공부했습니다. 독일 마인츠대학교에서 로마 서정시를 공부했고, 서울대학교에서
호라티우스의 서정시 연구로 박사학위를 받았습니다. 정암학당의 키케로전집 번역분과에서
키케로를 번역하고 있습니다. 서울대학교 등에서 희랍 로마 문학을 가르치며,
《FABVLA DOCET 희랍 로마 신화로 배우는 고전 라티움어》의 저자입니다.

페스티나 렌테
라틴어 필사의 책

1판 1쇄 찍음 2020년 11월 10일
1판 1쇄 펴냄 2020년 11월 20일

지은이   김남우
펴낸이   김정호
펴낸곳   아카넷

출판등록 2000년 1월 24일(제406-2000-000012호)
주소   10881 경기도 파주시 회동길 445-3 2층
전화   031-955-9512(편집) · 031-955-9514(주문)
팩스   031-955-9519
전자우편 acanet@acanet.co.kr
홈페이지 www.acanet.co.kr
책임편집 손태현
디자인   디자인비따

ⓒ 김남우, 2020

Printed in Paju, Korea.
ISBN 978-89-5733-709-7 03790

도서의 국립중앙도서관 출판예정도서목록(CIP)은 서지정보유통지원시스템 홈페이지
(http://seoji.nl.go.kr)와 국가자료공동목록시스템 (http://www.nl.go.kr/kolisnet)에서
이용하실 수 있습니다. (CIP제어번호: CIP2020045943)